GRAFFEG

Published by Graffeg
Radnor Court, 256 Cowbridge
Road East, Cardiff CF5 1GZ
Wales UK.

First published spring 2003

ISBN 0-9544334-0-8

Graffeg are hereby identified as the authors of this work in accordance with section 77 of the Copyright, Designs and Patents Act 1988.

A CIP Catalogue record for this book is available from the British Library.

Designed and produced by
Peter Gill & Associates
www.petergill.com

Printed in Singapore

Cyhoeddwyd gan Graffeg
Radnor Court, 256 Heol y
Bont-faen, Caerdydd CF5 1GZ
Cymru y DU.

Cyhoeddwyd gyntaf gwanwyn 2003

ISBN 0-9544334-0-8

Graffeg a adwaenir trwy hyn fel awduron y gwaith hwn yn unol ag adran 77 y Ddeddf Hawlfraint, Dyluniadau a Phatentau 1988.

Mae cofnod Catalog CIP ar gyfer y llyfr hwn ar gael o'r Llyfrgell Brydeinig.

Dyluniwyd a chynhyrchwyd y
llyfr hwn gan
Peter Gill a'i Gwmni
www.petergill.com

Argraffwyd yn Singapore

CARDIFF
C A E R D Y D D

'A Private View' sculpture by
Kevin Atherton, Cardiff Bay.
Photo: Andrew Davies

'Golwg Breifat', cerflun gan
Kevin Atherton, Bae Caerdydd.
Llun: Andrew Davies

A photographic showcase of this dynamic young city's people, architecture, sport and culture, from the Photolibrary Wales collection.

Edited by Steve Benbow,
designed by Peter Gill,
foreword by Trevor Fishlock.

Published by Graffeg.

Arddangosiad ffotograffig o bobl, pensaernïaeth, chwaraeon a diwylliant y ddinas ifanc fywiog hon, o gasgliad Photolibrary Wales.

Golygwyd gan Steve Benbow,
dyluniwyd gan Peter Gill,
rhagair gan Trevor Fishlock

Cyhoeddwyd gan Graffeg.

CARDIFF CAERDYDD CONTENTS

heritage

culture

sport

CARDIFF CAERDYDD CONTENTS

leisure

city centre

the bay

CARDIFF CAERDYDD CYNNWYS

treftadaeth

diwylliant

chwaraeon

CARDIFF CAERDYDD CYNNWYS

hamdden

canol y ddinas

y bae

Start in the mountains and head south for the sea and the story of Cardiff is in your grasp. It's an exhilarating journey. From the rugged sandstone of the Brecon Beacons, the highest peaks in southern Britain, you descend through the grand and eloquent landscape from which there flowed the life and wealth that created the modern city. Coming in from the monumental valleys you see clearly that Cardiff is a big player in the history of Wales and a true capital.

Cardiff Bay, aerial.
Photo: Simon Regan

Bae Caerdydd o'r awyr.
Llun: Simon Regan

Its tradition is that of a salt water city looking outward to the world, and it's modern aspiration is to be ever more wide-eyed, engaged and international. Cardiffians are very keen to fulfil their potential for growth and excellence. The fact that Cardiff is in the running to be the European Capital of Culture adds considerably to the buzz and to the feeling that it has something to say about its role, both as a city and as the capital of Wales. So there is a real sense of opportunity and of history in the making. And while, of course, there is passionate argument – this is Wales, after all – the emphasis in the grammar is on the future tense.

I like it here. This is a genial city on a human scale, intimate, easy and coherent. One of the enduring pleasures is that it is eminently walkable. Almost all you need is close at hand: shops and traffic-free streets, the busy central market, handsome Victorian arcades, theatres, cinemas and concert venues like St David's Hall where the Cardiff Singer of the World competition has launched many stars. There are plenty of restaurants, pubs rubbed smooth by time, freshly-minted fashionable bars, and the clubs that pulse with night-time vivacity. University life, too, is anchored in the centre of the city and a powerful generator of youthful rhythm and vigour.

Given all this, the amenity, continuity and a sense of tomorrow, it is no wonder that increasing numbers of young men and women are deciding that this is where they wish to live, work and study. Where once they aimed for London they head in their thousands for Cardiff. The best way to see the shape of the city is to walk the ridge that rises to the north. There's a tremendous panorama. On your right the lovely Vale of Glamorgan rolls gently to the sea, just part of the city's agreeable hinterland.

You can see the salmon-stream Taff winding through Radyr and Llandaff and into the heart of the city, making a final snaking curve into Cardiff Bay. It rambles through broad acres of woods and meadows, past Llandaff Cathedral, Pontcanna Fields and the cricket ground and close to the castle ramparts which rise above the trees. The river and its fields endow Cardiff with a distinctive space and elegance. No city in Britain is greener.

Just below Cardiff Bridge the river forms part of the setting of the Millennium Stadium. This is a structure and achievement daring in scale and conception, to my mind breathtaking but not an intrusion; magnificent, but not dominating. As the temple of Welsh rugby and of all the emotions plaited into the national game, it embodies the legends of the Cardiff Arms Park it replaced and honours history. Yet it demonstrates, too, a determination to adapt and stands as a symbol of the spirit of the city, of what Cardiff can do.

For all its splendour the stadium remains a part of the intimacy, linking arms with the city and right in the heart of things, a few steps from the main railway station. It is just a punt from Cardiff's foundation stone, the castle. The Romans built the first walls, the Normans shaped an intimidating medieval fist and, as you can see for yourself, the Victorian barons made it all an opulent entertainment. The castle is an arrow-shot from Cathays Park, the Washington of Wales, the majestic Portland stone statement of the city's Victorian and Edwardian ebullience. Coal money was lavishly invested in the baroque City Hall, the National Museum, University, Law Courts and halls of government and culture, all set among lawns and roses in one of Europe's noblest civic centres. Owain Glyndŵr sacked Cardiff in 1404 but the city was big enough to forgive Wales's warrior prince and his statue reigns in City Hall.

To return to the river, we can see how it draws the whole Cardiff story together. It runs its course at last in the drama of Cardiff Bay, and I say drama because it is such a crucible of visionary ideas and debate. The coal that came down the Taff and its sister valleys made Victorian Cardiff a world capital of energy. Its cosmopolitan and rumbustious docklands grew famous in fact and fiction as Tiger Bay. The aftermath of coal was decline and emptiness but also the opportunity for dynamic regeneration of the docks that were once forested with masts. It is a process. The midwife-cranes and rising buildings of Cardiff Bay's evolving skyline speak refreshingly, sometimes controversially, of things in the making.

It's well worth taking the tour. The Cardiff Barrage, the core of it all, is an engineering bravura, a dam and locks enclosing a 500-acre lake mirroring the new waterfront structures, a soaring hotel, restaurants, exhibitions, craft places and leisure domes. The Welsh Assembly is here, the new political focus of Wales. And the Wales Millennium Centre is taking shape, a world-class theatre and dance and music house that will be the home of the Welsh National Opera. It will accommodate six other cultural companies and will be the capital base for Wales's largest youth organisation, Urdd Gobaith Cymru, resonating to the sound of young voices.

The serious point of all this, the big idea, is that Cardiff is the necessary city, integral with Wales, with the power and cultural dimension to engage with Europe and the world, to speak with Wales's distinctive voice. The old Welsh expression *a fo ben bid bont* suggests that leadership depends on building bridges. Today Cardiff the capital builds bridges into the future; one reason why it's exciting to be here.

Trevor Fishlock

capito
Virgin
apitolc
swatch

Cychwynnwch yn y mynyddoedd ac ewch tua'r de am y môr ac mae hanes Caerdydd yn eich llaw. Siwrnai orfoleddus yw hi. O dywodfeini gerwin Bannau Brycheiniog, y copaon uchaf yn neheudir Prydain, fe ddisgynnwch drwy'r tir mawreddog a huawdl lle llifodd y bywyd a'r cyfoeth a greodd y ddinas fodern. Wrth ddod i mewn o'r cymoedd aruthrol fe welwch yn glir fod Caerdydd yn chwaraewr pwysig yn hanes Cymru ac yn wir brifddinas.

Capitol Centre Shopping Mall,
Queen Street.
Photo: Billy Stock

Rhodfa Siopa Canolfan y Capitol,
Heol y Frenhines.
Llun: Billy Stock

Traddodiad dinas dŵr heli'n edrych allan i'r byd sydd ganddi, a'i dyhead heddiw yw gweld mwy, derbyn mwy ac ymwneud mwy ar lefel ryngwladol. Mae pobl Caerdydd yn awyddus iawn i gyflawni'u potensial i dyfu a rhagori. Mae'r ffaith fod Caerdydd yn un o'r dinasoedd sydd yn y ras i fod yn Brifddinas Diwylliant Ewrop yn ychwanegu cryn dipyn at y cynnwrf ac at y teimlad fod ganddi rywbeth i'w ddweud am ei rôl, fel dinas ac fel prifddinas Cymru. Felly mae yma wir ymdeimlad o gyfle ac o greu hanes. Ac er y ceir dadlau brwd, wrth gwrs – Cymry ydym ni, wedi'r cyfan – ar y dyfodol y mae'r pwyslais yn ein gramadeg.

Rwyf wrth fy modd yma. Dyma ddinas hawddgar ar raddfa ddynol, yn agos atoch chi, yn rhwydd a chydlynol. Un o'r pethau braf amdani o hyd yw fod modd cerdded i bob man. Mae bron bopeth sydd ei angen arnoch o fewn tafliad carreg: siopau a strydoedd di-draffig, y farchnad ganolog brysur, arcedau Fictoraidd hardd, theatrau, sinemâu a neuaddau cyngerdd fel Neuadd Dewi Sant lle mae cystadleuaeth Canwr y Byd Caerdydd wedi rhoi hwb i yrfa sawl seren. Mae digonedd o dai bwyta, tafarndai sydd wedi llyfnhau gyda'r oesoedd, bariau ffasiynol newydd sbon danlli, a'r clybiau lle mae curiad calon bywyd y nos. Mae bywyd y brifysgol hithau wedi angori yng nghanol y ddinas, gan gyfrannu bwrlwm ac egni di-ben-draw yr ifanc.

Yn wyneb hyn i gyd, yr harddwch, y parhad a'r ymdeimlad o yfory, does dim rhyfedd fod mwy a mwy o ddynion a merched ifanc yn penderfynu mai dyma lle maent am fyw, gweithio ac astudio. Lle gynt yr anelent am Lundain, bellach heidiant yn eu miloedd i Gaerdydd. Y ffordd orau i weld siâp y ddinas yw cerdded ar hyd y grib sy'n codi i'r gogledd o'r ddinas. Mae yno banorama bendigedig. Ar y dde fe welwch Fro Morgannwg hyfryd yn ymdreiglo'n raddol i'r môr, a honno'n ddim ond un rhan o gyffiniau difyr y ddinas.

Gallwch weld ffrwd eogiaid afon Taf yn ymdroelli drwy Radyr a Llandaf ac i mewn i galon y ddinas, gan wneud un tro nadreddog olaf i Fae Caerdydd. Ymlwybra drwy erwau eang o goedydd a dolydd, heibio i Eglwys Gadeiriol Llandaf, Caeau Pontcanna a'r maes criced, ac yn agos at furiau'r castell sy'n codi uwchben y coed. Mae'r afon a'i chaeau'n rhoi naws agored a braf i Gaerdydd. Does dim dinas wyrddach ym Mhrydain.

Ychydig islaw Pont Caerdydd mae'r afon yn ffurfio rhan o leoliad Stadiwm y Mileniwm. Dyma adeiladwaith a gorchest sy'n feiddgar o ran graddfa a syniadaeth, sydd i'm meddwl i yn mynd â gwynt rhywun, ond heb darfu ar naws y lle; yn odidog, ond heb dra-arglwyddiaethu. Fel teml rygbi Cymru a'r holl emosiynau sydd ynghlwm yn y gamp genedlaethol, mae'n ymgorfforiad o chwedloniaeth Parc yr Arfau, a ddisodlwyd ganddo, ac yn parchu ei hanes. Eto, mae'n dangos, hefyd, benderfyniad i ymaddasu, ac yn sefyll fel symbol o ysbryd y ddinas, o'r hyn y gall Caerdydd ei gyflawni.

Er gwaethaf ei holl ysblander, mae'r stadiwm yn dal i fod yn rhan o'r naws agos-atoch-chi, yn plethu breichiau gyda'r ddinas ac yn blwmp yng nghanol pethau, ychydig gamau i ffwrdd o'r brif orsaf reilffordd. Dim ond cic adlam i ffwrdd y mae carreg sylfaen Caerdydd, sef y castell. Adeiladwyd y muriau cyntaf gan y Rhufeiniaid, ffurfiodd y Normaniaid ddwrn canoloesol bygythiol ac, fel y gallwch weld drosoch eich hun, trodd y barwniaid Fictoraidd y lle yn un difyrrwch mawr moethus. Nid yw'r castell ond pellter saeth i ffwrdd o Barc Cathays, neu Washington Cymru, y datganiad mawreddog mewn cerrig Portland o hyder Fictoraidd ac Edwardaidd y ddinas. Buddsoddwyd arian y glo yn hael yn adeiladau baròc Neuadd y Ddinas, yr Amgueddfa Genedlaethol, y Brifysgol, y Llysoedd Barn a neuaddau llywodraeth a diwylliant, i gyd wedi'u gosod ymhlith lawntiau a gerddi rhosod yn un o ganolfannau dinesig mwyaf urddasol Ewrop. Anrheithiodd Owain Glyndŵr y ddinas yn 1404 ond bu Caerdydd yn ddigon mawrfrydig i faddau i'r Mab Darogan ac mae ei ddelw'n teyrnasu yn Neuadd y Ddinas.

A dychwelyd at yr afon, gallwn weld sut y mae'n tynnu holl geinciau stori Caerdydd at ei gilydd. Mae'n rhedeg ei chwrs o'r diwedd yn nrama Bae Caerdydd, a defnyddiaf y gair drama am fod y Bae'n gymaint o grochan gweledigaeth a dadl. Bu'r glo a ddaeth i lawr afon Taf ac o'r cymoedd cyfagos yn fodd i greu prifddinas ynni'r byd yng Nghaerdydd Oes Fictoria. Tyfodd enwogrwydd ffeithiol a chwedlonol Tiger Bay, ardal gosmopolitan a llawn miri dociau Caerdydd. Wedi oes aur y glo cafwyd dirywiad a gwacter, ond cyfle hefyd i gynllunio adfywiad dynamig y dociau a fu gynt yn goedwig o fastiau. Proses ydyw. Mae craeniau bydwreigaidd ac ymgodiad yr adeiladau ar orwel datblygol Bae Caerdydd yn llefaru'n groyw, weithiau'n ddadleuol, am ddatblygiad ar waith.

Mae'n werth mynd ar y gylchdaith. Mae Morglawdd Caerdydd, craidd y cyfan, yn gampwaith peirianyddol, yn argae a lociau'n amgáu llyn 500-acer sy'n adlewyrchu'r adeiladau newydd ar y glannau: gwesty aruchel, tai bwyta, arddangosfeydd, llefydd crefftau a chromenni hamdden. Yma mae'r Cynulliad Cenedlaethol, canolbwynt gwleidyddol y Gymru newydd. Ac mae Canolfan Mileniwm Cymru'n ymffurfio yma, theatr a chanolfan ddawns a cherddoriaeth o safon byd a fydd yn gartref i'r Cwmni Opera Cenedlaethol. Bydd hefyd yn gartref i chwe chwmni diwylliannol arall ac yn ganolfan yn y brifddinas i fudiad ieuenctid mwyaf y genedl, Urdd Gobaith Cymru, gan atseinio i sain lleisiau ifanc.

Pwynt difrifol hyn i gyd, y syniad mawr, yw mai Caerdydd yw'r ddinas angenrheidiol, yn annatod â Chymru, a chanddi'r grym a'r dimensiwn diwylliannol i ymwneud ag Ewrop a'r byd, i siarad â llais unigryw Cymru. Awgryma'r hen ddywediad, a fo ben bid bont, fod arweinyddiaeth yn dibynnu ar adeiladu pontydd. Heddiw mae Caerdydd, y brifddinas, yn adeiladu pontydd i'r dyfodol; dyna un rheswm pam y mae'n gyffrous bod yma.

Trevor Fishlock

Page 16/17: City Centre.
Photo: Andrew Hazard

Tudalen 16/17: Canol y Ddinas.
Llun: Andrew Hazard

Millennium Stadium.
Photo: Billy Stock

Stadiwm y Mileniwm.
Llun: Billy Stock

Neil Jenkins playing for Wales
at the Millennium Stadium.
Photo: Dave Williams

Neil Jenkins yn chwarae i Gymru
yn Stadiwm y Mileniwm.
Llun: Dave Williams

Page 20/21: Wales playing at the Millennium Stadium, during the Rugby World Cup.
Photo: Neil Turner

Tudalen 20/21: Cymru'n chwarae yn Stadiwm y Mileniwm, yn ystod Cwpan Rygbi'r Byd.
Llun: Neil Turner

Young Welsh rugby supporter.
Photo: Steve Benbow

Cefnogwr ifanc i dîm rygbi Cymru.
Llun: Steve Benbow

Ryan Giggs in action for Wales in their recent victory against Italy, at the Millennium Stadium.
Photo: Andrew Orchard

Ryan Giggs ar y bêl i Gymru yn eu buddugoliaeth dros yr Eidal, yn Stadiwm y Mileniwm.
Llun: Andrew Orchard

QUEENS ARCADE
PIER
ARCÊD Y FRENHI

Page 24/25: The Millennium Stadium.
Photo: Neil Turner

Tudalen 24/25: Stadiwm y Mileniwm.
Llun: Neil Turner

Queen's Arcade shopping centre.
Photo: Steve Benbow

Canolfan siopa Arcêd y Frenhines.
Llun: Steve Benbow

Queen's Arcade shopping centre.
Photo: Chris Colclough

Canolfan siopa Arcêd y Frenhines.
Llun: Chris Colclough

QUEEN'S ARCADE
THE PIER
THE PIER
THE PIER

QUEENS ARCADE
THE PIER
ARCED Y FRENHINES

Page 28/29: Shoppers in the city centre.
Photo: Chris Colclough

Tudalen 28/29: Pobl yn siopa yng nghanol y ddinas.
Llun: Chris Colclough

High Street, Victorian Arcade.
Photo: Steve Benbow

Heol Fawr, Arcêd Fictoraidd.
Llun: Steve Benbow

David Morgan Arcade.
Photo: Steve Benbow

Arcêd David Morgan.
Llun: Steve Benbow

Shopping in the Morgan Arcade.
Photo: Duncan Miller

Siopa yn Arcêd Morgan.
Llun: Duncan Miller

W.E.
Woodies Emporium Ladies
Woodies Emporium
Ladies

capitol
Virgin

Capitol shopping centre,
Queen Street.
Photo: Billy Stock

Canolfan siopa'r Capitol,
Heol y Frenhines.
Llun: Billy Stock

Ashton's fish stall, Indoor Market.
Photo: Steve Benbow

Stondin bysgod Ashton,
y Farchnad dan-do.
Llun: Steve Benbow

Hayes Island, City Centre.
Photo: Duncan Miller

Ynys yr Aes, Canol y Ddinas.
Llun: Duncan Miller

South Wales
ECHO
HAYES
NEWS
The Western Mail
NEWSAGENT

GAP
GAP
GAP

Venetian shopping façade,
Queen Street.
Photo: Chris Colclough

Wyneb siop Fenisaidd,
Heol y Frenhines.
Llun: Chris Colclough

Queen Street, shopping.
Photo: Billy Stock

Siopa yn Heol y Frenhines.
Llun: Billy Stock

S A BRAIN & Co Ltd
BRAIN'S

DIRECT
SALOON BAR

Page 40/41: Brain's Pub, Cardiff.
Photo: Steve Benbow

Tudalen 40/41: Tafarn Brain's, Caerdydd.
Llun: Steve Benbow

Ha Ha Café Bar.
Photo: Dave Williams

Café Bar Ha Ha.
Llun: Dave Williams

UCG Cinema entertainment complex.
Photo: David Angel

Canolfan Sinema UCG.
Llun: David Angel

SPRINGBOK
BAR

Hilton
Hilton
Park Place

Hilton Hotel.
Photo: Billy Stock

Gwesty'r Hilton.
Llun: Billy Stock

Street dining, Mill Lane.
Photo: Steve Benbow

Ardal Tai Bwyta Lôn y Felin.
Llun: Steve Benbow

Intercity train,
Cardiff Central Station.
Photo: Brian Tucker

Trên Rhyng-ddinasoedd, Gorsaf
Ganolog Caerdydd.
Llun: Brian Tucker

Concorde visiting Cardiff International Airport.
Photo: Huw Jones

Concorde yn ymweld â Maes Awyr Rhyngwladol Caerdydd.
Llun: Huw Jones

British Gas

'Secret Station' sculpture by Eilis O'Connell, Cardiff Bay.
Photo: Jonathan Pimlott

Cerflun 'Secret Station' gan Eilis O'Connell, Bae Caerdydd.
Llun: Jonathan Pimlott

Students outside the main building of Cardiff University.
Photo: Steve Benbow
Courtesy of Cardiff University.

Myfyrwyr y tu allan i brif adeilad Prifysgol Caerdydd.
Llun: Steve Benbow
Diolch i Brifysgol Caerdydd.

Page 48/49: 'Blue Flash Power Box, Mesh Chips' sculpture by John Gingell.
Photo: Chris Colclough

Tudalen 48/49: Cerflun 'Blue Flash, Power Box, Mesh Chips' gan John Gingell.
Llun: Chris Colclough

War Memorial, Cathays Park.
Photo: Billy Stock

Cofgolofn y Rhyfel, Parc Cathays.
Llun: Billy Stock

Industrial research lab at Cardiff University.
Photo: Steve Benbow
Courtesy of Cardiff University.

Labordy ymchwil diwydiannol ym Mhrifysgol Caerdydd.
Llun: Steve Benbow
Diolch i Brifysgol Caerdydd.

Techniquest at Cardiff Bay.
Photo: Neil Turner

Techniquest ym Mae Caerdydd.
Llun: Neil Turner

Exploring science at Techniquest, Cardiff Bay.
Photo: Mark Bradwick

Ymchwilio i wyddoniaeth yn Techniquest, Bae Caerdydd.
Llun: Mark Bradwick

City Hall.
Photo: Billy Stock

Neuadd y Ddinas.
Llun: Billy Stock

City Hall illuminated.
Photo: Andrew Davies

Neuadd y Ddinas wedi'i goleuo.
Llun: Andrew Davies

Page 56/57: Schoolchildren enjoying the gardens at the Civic Centre.
Photo: Billy Stock

Tudalen 56/57: Plant ysgol yn mwynhau yng ngerddi'r Ganolfan Ddinesig.
Llun: Billy Stock

Interior of the National Museum
of Wales.
Photo: Chris Colclough

Tu mewn i Amgueddfa
Genedlaethol Cymru.
Llun: Chris Colclough

National Museum of Wales,
Cathays Park.
Photo: Chris Colclough

Amgueddfa ac Oriel
Genedlaethol Cymru,
Parc Cathays.
Llun: Chris Colclough

CYMRU

Child in Welsh costume at the Museum of Welsh Life, St Fagans, Cardiff.
Photo: Steve Benbow

Plentyn mewn gwisg Gymreig yn Amgueddfa Werin Cymru, Sain Ffagan, Caerdydd.
Llun: Steve Benbow

Traditional Welsh costume and dancing at the Museum of Welsh Life, St Fagans, Cardiff.
Photo: Steve Benbow

Dawnsio mewn gwisg Gymreig draddodiadol yn Amgueddfa Werin Cymru, Sain Ffagan, Caerdydd.
Llun: Steve Benbow

OMNIA VINCIT AMOR ET NOS CEDA

Page 64/65: The South-west Towers of Cardiff Castle.
Photo: David Angel

Tudalen 64/65: Tyrau De-orllewinol Castell Caerdydd.
Llun: David Angel

Ornate interior of Cardiff Castle.
Photo: Billy Stock

Tu mewn Castell Caerdydd.
Llun: Billy Stock

Detailed ceiling of the Arab room, Cardiff Castle.
Photo: Neil Turner

Nenfwd yr ystafell Arabaidd, Castell Caerdydd.
Llun: Neil Turner

Peacock in front of the Norman Keep, Cardiff Castle.
Photo: Billy Stock

Paun o flaen y Gorthwr Normanaidd, Castell Caerdydd.
Llun: Billy Stock

One of the many carved stone animals on the walls of Cardiff Castle.
Photo: David Williams

Un o'r anifeiliaid cerrig sydd wedi'u cerfio ar fur Castell Caerdydd.
Llun: David Williams

Detail on the Clock Tower,
Cardiff Castle.
Photo: Billy Stock

Tŵr Cloc Castell Caerdydd.
Llun: Billy Stock

'Captain Willow's Clock'
by Kevin Atherton, Cardiff Bay.
Photo: Stephen Jenkin

'Cloc Capten Willow' gan
Kevin Atherton, Bae Caerdydd.
Llun: Stephen Jenkin

Castell Coch.
Photo: Neil Turner

Castell Coch.
Llun: Neil Turner

Castell Coch in snow.
Photo: Billy Stock

Castell Coch yn yr eira.
Llun: Billy Stock

Lover

Le Gallois

CUBA
CUBA
BAR & GRILL ENTERTAINMENT
ENTERTAINMENT

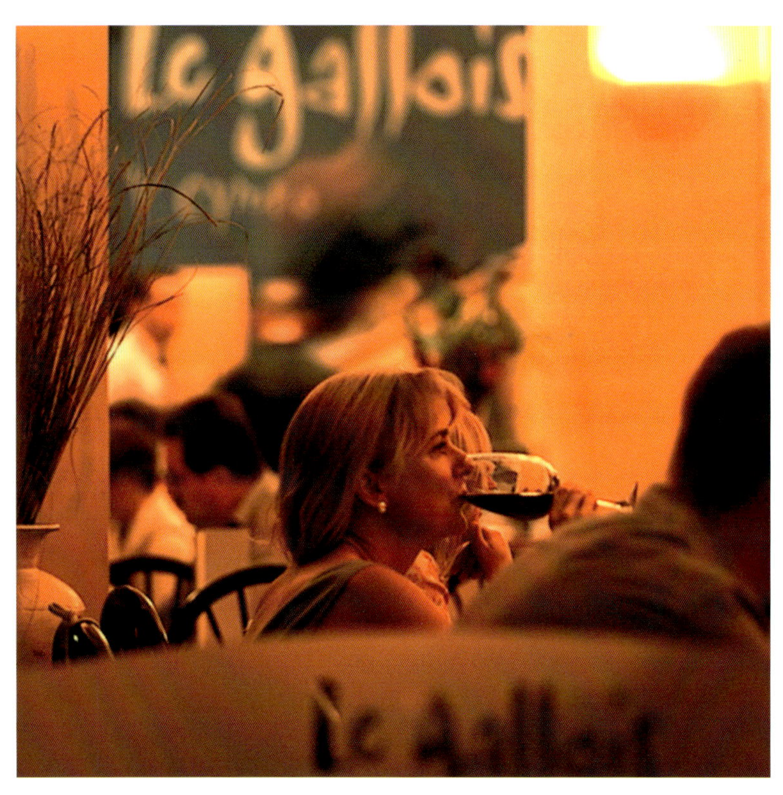

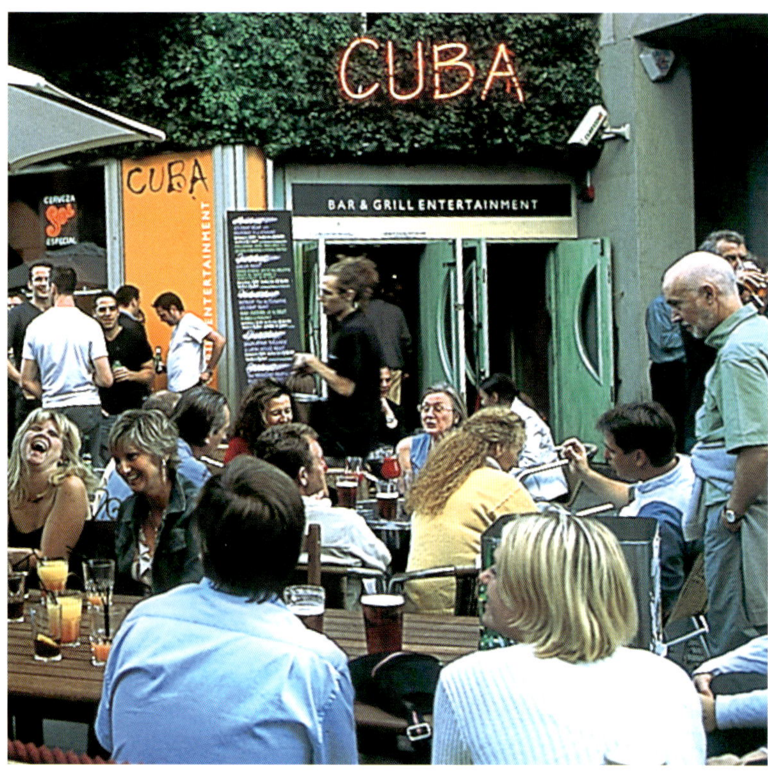

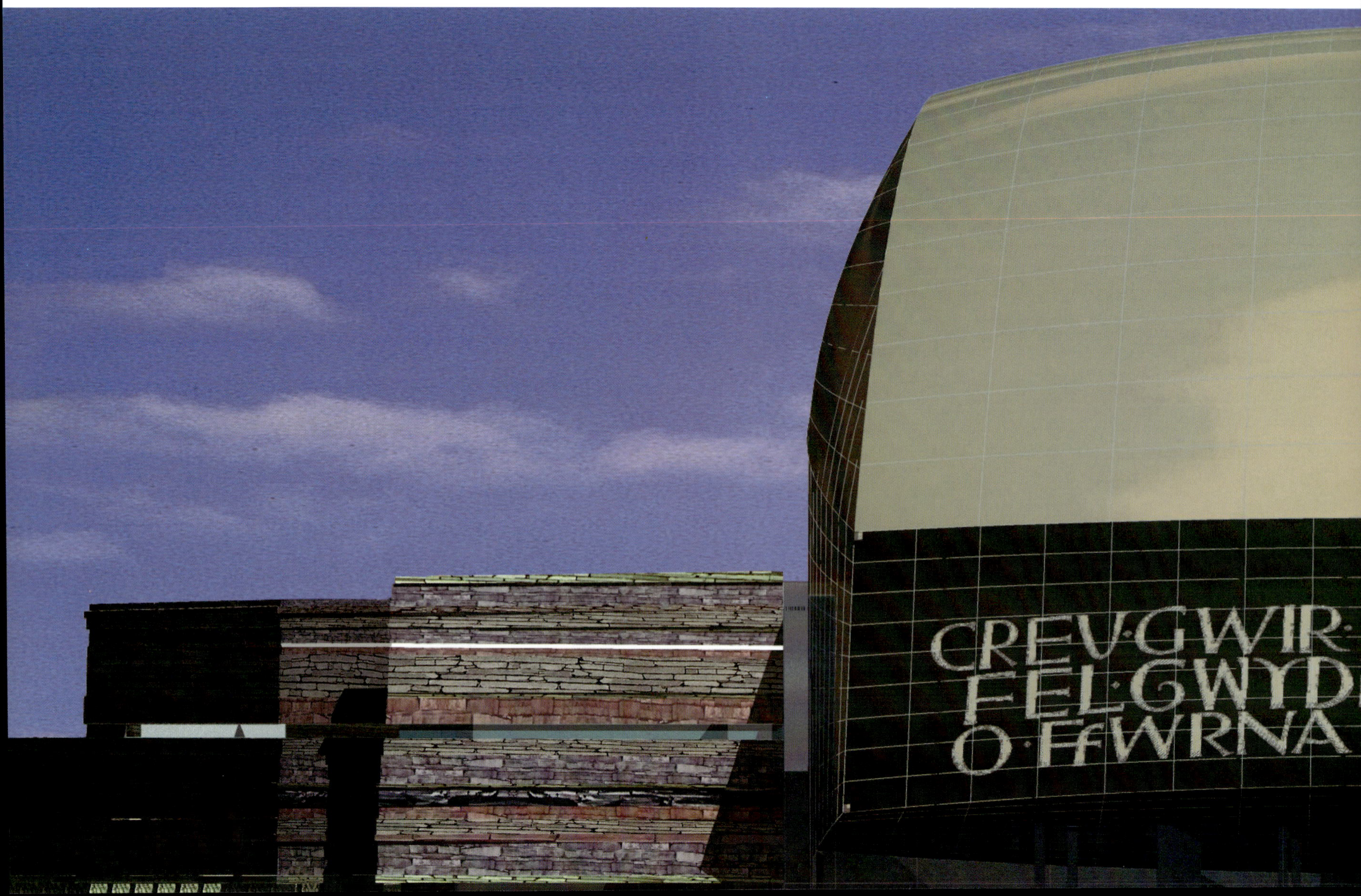
CREU·GWIR·
FEL·GWYD
O·FFWRNA

Le Gallois Restaurant, Pontcanna.
Photo: Steve Benbow

Bwyty Le Gallois, Pontcanna.
Llun: Steve Benbow

Cuba, café bar.
Photo: Steve Benbow

Caffi bar y Cuba.
Llun: Steve Benbow

Outdoor café at Mermaid Quay, Cardiff Bay.
Photo: Steve Benbow

Caffi awyr-agored, Cei'r Fôr-forwyn, Bae Caerdydd.
Llun: Steve Benbow

Page 74/75: Welsh National Opera production of *Die Fledermaus* at the New Theatre.
Photo: Glenn Edwards

Tudalen 74/75: Cynhyrchiad y Cwmni Opera Cenedlaethol o *Die Fledermaus* yn y Theatr Newydd.
Llun: Glenn Edwards

Below: Artist's impression of Wales Millennium Centre. Opening end 2004. Image by Percy Thomas architects, courtesy of Wales Millennium Centre.

Isod: Argraff arlunydd o Ganolfan Mileniwm Cymru. Agorir ddiwedd 2004. Llun gan gwmni penseiri Percy Thomas, diolch i Ganolfan Mileniwm Cymru.

James Dean Bradfield, lead singer of the Manic Street Preachers at a Cardiff Concert.
Photo: Glenn Edwards

James Dean Bradfield, prif ganwr y Manic Street Preachers, mewn cyngerdd yng Nghaerdydd.
Llun: Glenn Edwards

Students' Disco, Cardiff University.
Photo: George Makkas

Disgo myfyrwyr, Prifysgol Caerdydd.
Llun: George Makkas

Page 80/81: New Theatre, Cardiff.
Photo: Chris Colclough

Tudalen 80/81: Theatr Newydd, Caerdydd.
Llun: Chris Colclough

Page 82/83: Welsh Proms conducted by Owain Arwel Hughes at St David's Hall.
Photo: Steve Benbow

Tudalen 82/83: Arweinydd y Proms Cymreig, Owain Arwel Hughes, yn Neuadd Dewi Sant.
Llun: Steve Benbow

X
xpressradio
pure aural pleasure...

NEW
Taxi
Only
FIDDLER ON THE ROOF

THEATRE

NORWICH UNION
NORWICH UNION
SCRUMPY JACK
NatWest
vodafone
vodafone
SPORTS DAILY
glamorgancricket.com
Coca-Cola
Coca-Cola
IT'S BRAINS YOU WANT
MOBILE PHONES
SPECTATORS ARE REQUESTED
TO SWITCH OFF THEIR
MOBILE PHONES DURING
THE HOURS OF PLAY
THANK YOU FOR YOUR
CO-OPERATION

VICE PRESIDENTS ENCLOSURE
BANK OF WALES
Konica
White Dove
PUMP SUPPLIES LTD
IT'S BRAINS YOU WANT
DRAGONS
REDROW
WEST

Page 84/85: Glamorgan cricket at Sophia Gardens.
Photo: Steve Benbow

Tudalen 84/85: Criced Morgannwg yng Ngerddi Sophia.
Llun: Steve Benbow

Cardiff Marathon, Civic Centre.
Photo: Andy Stoyle

Marathon Caerdydd, y Ganolfan Ddinesig.
Llun: Andy Stoyle

'Landmark' sculpture by Pierre Vivant.
Photo: Chris Colclough

Cerflun 'Landmark' gan Pierre Vivant.
Llun: Chris Colclough

Roath Park.
Photo: Andrew Davies

Parc y Rhath.
Llun: Andrew Davies

Scott Memorial, Roath Park lake.
Photo: Billy Stock

Cofgolofn Scott, llyn Parc y Rhath.
Llun: Billy Stock

TO THE MEMORY OF
CAPTAIN R.F. SCOTT
CAPTAIN L.E.G. OATES

Autumn at Cefn Onn Park.
Photo: Billy Stock

Hydref ym Mharc Cefn Onn.
Llun: Billy Stock

Radyr Golf Course,
Cardiff suburbs.
Photo: Ceri Breeze

Cwrs Golff Radyr, maestrefi
Caerdydd.
Llun: Ceri Breeze

Harvesting grapes at Llanerch Vineyard, Vale of Glamorgan.
Photo: David Williams

Medi grawnwin yng Ngwinllan y Llanerch, Bro Morgannwg.
Llun: David Williams

Surfer at the Heritage Coast, Vale of Glamorgan.
Photo: John Kinsey

Syrffiwr ar yr Arfordir Treftadaeth, Bro Morgannwg.
Llun: John Kinsey

22
24
NCAA
CZ
S.U.A.F.C.
79
18
66

Page 94/95: Autumn in Roath Park.
Photo: Billy Stock

Tudalen 94/95: Hydref ym Mharc y Rhath.
Llun: Billy Stock

American Football at Pontcanna Fields.
Photo: Chris Colclough

Pêl-droed Americanaidd ar Gaeau Pontcanna.
Llun: Chris Colclough

Victoria Park.
Photo: Jeff Morgan

Parc Victoria.
Llun: Jeff Morgan

Cricket match in shadow of Llandaff Cathedral.
Photo: Les Evans

Gêm griced yng nghysgod Eglwys Gadeiriol Llandaf.
Llun: Les Evans

Llandaff Cathedral with the sculpture of Epstein's Christ in Majesty as a centrepiece.
Photo: Les Evans

Eglwys Gadeiriol Llandaf, gyda cherflun Epstein o Grist yn ei Ogoniant.
Llun: Les Evans

Autumn at Cefn Onn Park.
Photo: Billy Stock

Hydref ym Mharc Cefn Onn.
Llun: Billy Stock

Welsh flag outside City Hall.
Photo: Jeff Morgan

Y ddraig goch, Neuadd y Ddinas.
Llun: Jeff Morgan

Cardiff school children celebrate the opening of the National Assembly, Cardiff Bay.
Photo: David Williams

Plant ysgol Caerdydd yn dathlu agor y Cynulliad Cenedlaethol, Bae Caerdydd.
Llun: David Williams

Talybont Reservoir,
Brecon Beacons.
Photo: Graham Morley

Cronfa ddŵr Talybont,
Bannau Brycheiniog.
Llun: Graham Morley

Cardiff Bay Barrage.
Photo: Chris Colclough

Morglawdd Bae Caerdydd.
Llun: Chris Colclough

Cardiff Bay aerial.
Photo: Simon Regan

Bae Caerdydd o'r awyr.
Llun: Simon Regan

Mermaid Quay
Techniquest
Century Wharf

Page 106/107: Illuminated fountains, Cardiff Bay.
Photo: Billy Stock

Tudalen 106/107: Dŵr a golau, Bae Caerdydd.
Llun: Billy Stock

National Assembly visitors' centre.
Photo: PGA

Canolfan ymwelwyr y Cynulliad Cenedlaethol.
Llun: PGA

Pierhead Building, Cardiff Bay.
Photo: Billy Stock

Adeilad Pen y Pier, Bae Caerdydd.
Llun: Billy Stock

Page 110/111: Welsh National Opera performing in Cardiff Bay.
Photo: David Williams

Tudalen 110/111: Y Cwmni Opera Cenedlaethol yn perfformio ym Mae Caerdydd.
Llun: David Williams

Norwegian Church, Cardiff Bay.
Photo: Brian Woods

Yr Eglwys Norwyaidd, Bae Caerdydd.
Llun: Brian Woods

Welsh Assembly Government, Cardiff Bay.
Photo: Billy Stock

Llywodraeth Cynulliad Cymru, Bae Caerdydd.
Llun: Billy Stock

NATIONAL ASSEMBLY FOR WALES

FOCACCIAS
CAKES
COFFEE
ICE CREAM

Page 114/115: Mermaid Quay,
Cardiff Bay.
Photo: Billy Stock

Tudalen 114/115: Cei'r Fôr-forwyn, Bae Caerdydd.
Llun: Billy Stock

Brickwork detail, Pierhead Building, Cardiff Bay.
Photo: Steve Benbow

Manylwaith brics Adeilad Pen y Pier, Bae Caerdydd.
Llun: Steve Benbow

Cardiff Bay.
Photo: Chris Colclough

Bae Caerdydd.
Llun: Chris Colclough

Project Design Research at
University of Wales Institute, Cardiff.
Photo: Steve Benbow

Ymchwil dylunio prosiect ym
Athrofa Prifysgol Cymru, Caerdydd.
Llun: Steve Benbow

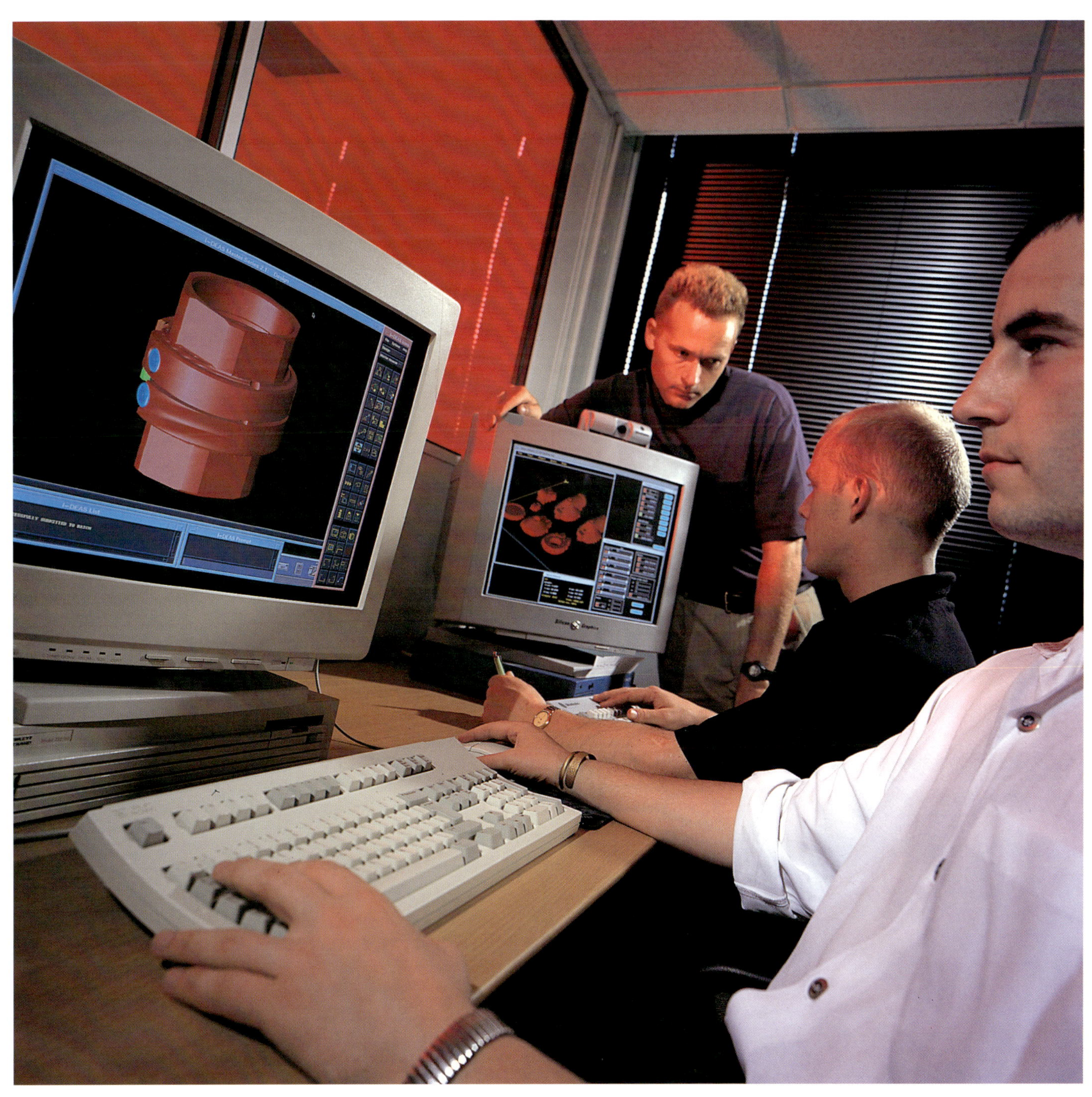

St David's Hotel, Cardiff Bay.
Photo: Billy Stock

Gwesty Dewi Sant, Bae Caerdydd.
Llun: Billy Stock

'Nereid' sculpture, central Cardiff.
Photo: Ken Price

Cerflun 'Nereid', canol Caerdydd.
Llun: Ken Price

NCM building and 'Merchant sea-farers war memorial' sculpture, Cardiff Bay.
Photo: Chris Colclough

Adeilad NCM a cherflun 'Cofeb ryfel i'r Masnachlongwyr', Bae Caerdydd.
Llun: Chris Colclough

NCM Building, Cardiff Bay.
Photo: Chris Colclough

Adeilad NCM, Bae Caerdydd.
Llun: Chris Colclough

Scott Harbour building,
Cardiff Bay.
Photo: Chris Colclough

Adeilad Harbwr Scott,
Bae Caerdydd.
Llun: Chris Colclough

'People Like Us' sculpture,
by John Clinch, Cardiff Bay.
Photo: David Angel

Cerflun 'Pobl Fel Ni' gan
John Clinch, Bae Caerdydd.
Llun: David Angel

Page 126/127: 'Celtic Ring'
sculpture by Harvey Hood,
Cardiff Bay.
Photo: Steve Benbow

Tudalen 126/127: Cerflun 'Cylch
Celtaidd' gan Harvey Hood,
Bae Caerdydd.
Llun: Steve Benbow

Cardiff Bay festival procession.
Photo: Steve Benbow

Gorymdaith gŵyl Bae Caerdydd.
Llun: Steve Benbow

Cardiff Bay festival procession.
Photo: Steve Benbow

Gorymdaith gŵyl Bae Caerdydd.
Llun: Steve Benbow

Page 128/129: Cardiff Council Headquarters, Cardiff Bay.
Photo: Billy Stock

Tudalen 128/129: Pencadlys Cyngor Caerdydd, Bae Caerdydd.
Llun: Billy Stock

Power boat racing, Cardiff Bay.
Photo: Ceri Breeze

Rasio cychod cyflym,
Bae Caerdydd.
Llun: Ceri Breeze

Street theatre, Cardiff Bay.
Photo: Nel Bat

Theatr stryd, Bae Caerdydd.
Llun: Nel Bat

Water sculpture, Cardiff Bay.
Photo: John Kinsey

Cerflun dŵr, Bae Caerdydd.
Llun: John Kinsey

'A Private View' sculpture by Kevin Atherton, Cardiff Bay.
Photo: Billy Stock

Cerflun 'Golwg Breifat' gan Kevin Atherton, Bae Caerdydd.
Llun: Billy Stock

Page 136/137: Cardiff Bay Barrage.
Photo: Billy Stock

Tudalen 136/137: Morglawdd Bae Caerdydd.
Llun: Billy Stock

ncm

Page 138/139: Cardiff Bay.
Photo: Chris Colclough

Tudalen 138/139: Bae Caerdydd.
Llun: Chris Colclough

Penarth Pier.
Photo: Ken Price

Pier Penarth.
Llun: Ken Price

Visitors to Cardiff Bay.
Photo: Steve Benbow

Ymwelwyr â Bae Caerdydd.
Llun: Steve Benbow

Page 142/143: Apartment housing, Cardiff Bay.
Photo: Billy Stock

Tudalen 142/143: Fflatiau, Bae Caerdydd.
Llun: Billy Stock

Moorings at Penarth Marina, Cardiff Bay.
Photo: Duncan Miller

Angorfeydd ym Marina Penarth, Bae Caerdydd.
Llun: Duncan Miller

Penarth Marina, Cardiff Bay.
Photo: Chris Colclough

Marina Penarth, Bae Caerdydd.
Llun: Chris Colclough

Page 146/147: Winter Wonderland at the Civic Centre.
Photo: Billy Stock

Tudalen 146/147: Y Gaeaf a'i Hud yn y Ganolfan Ddinesig.
Llun: Billy Stock

CARDIFF
CAPITAL FOR EVENTS
SUPPORT
HOSPICE CARE
"Light up a Life"
CARDIFF
CAPITAL FOR EVENTS

the future

Cardiff International Sports Village
Views of the proposed Cardiff International Sports Village, in Cardiff Bay (outline planning consent granted December 2002). Facilities include a 50 metre swimming pool and 25 metre warm-up pool. An indoor arena for ice events, entertainment and multimedia. Real snow experience for novice and professional skiers and boarders, interactive golf range, health and fitness studio, family entertainment, restaurants, cafes and bars, associated sports retail, casino and hotels.

y dyfodol

Pentref Chwaraeon Rhyngwladol Caerdydd
Golwg o'r Pentref Chwaraeon Rhyngwladol arfaethedig yng Nghaerdydd (rhoddwyd caniatâd cynllunio amlinellol ym mis Rhagfyr 2002). Ceir yno gyfleusterau megis pwll nofio 50 metr a phwll nofio 25 metr i gynhesu'r cyhyrau. Bydd yr arena dan-do yn addas ar gyfer digwyddiadau ar iâ, adloniant a gweithgareddau amlgyfrwng. Gall sgiwyr ac eira-fyrddwyr proffesiynol a rhai sydd newydd ddechrau, fel ei gilydd, fwynhau'r profiad o fod ar eira iawn. Bydd yno hefyd faes ymarfer golff rhyngweithiol, stiwdio iechyd a ffitrwydd, adloniant i'r teulu, bwyty, caffis a bariau, siopau gwerthu nwyddau chwaraeon cysylltiedig, casino a gwestai.

St David's Centre
Views of how the new St David's Shopping Centre development may look, along the Hayes and Working Street in central Cardiff. Artist's impressions courtesy of St David's Partnership Cardiff.

Canolfan Dewi Sant
Golwg ar sut all datblygiad newydd Canolfan Siopa Dewi Sant edrych ar hyd yr Aes a Stryd Working yng nghanol Caerdydd. Daw'r argraffiadau artist hyn diolch i Bartneriaeth Dewi Sant Caerdydd. © Eric R Kuhne a'i Gyfeillion 2002

THE AUTHOR

YR AWDUR

Trevor Fishlock

Trevor Fishlock is an author, broadcaster and foreign correspondent. He began his career on *The Times* as staff correspondent in Wales and was *The Times*'s chief correspondent in India and New York and Moscow bureau chief for *The Daily Telegraph*. As a roving writer he has reported from more than seventy countries and has been International Reporter of the Year in the British Press Awards. He lives in Cardiff and writes and presents the television series *Fishlock's Wild Tracks* for HTV Wales. He has written books about Wales, America and Russia. His latest book, *Cobra Road*, describes a journey from Afghanistan to southern India.

Mae Trevor Fishlock yn awdur, yn ddarlledwr ac yn ohebydd tramor. Dechreuodd ei yrfa gyda *The Times* fel gohebydd staff yng Nghymru a bu'n brif ohebydd i'r papur yn India ac Efrog Newydd ac yn bennaeth swyddfa Moscow i *The Daily Telegraph*. Fel ysgrifennwr crwydrol mae wedi anfon adroddiadau o dros saith deg o wledydd a chafodd ei enwi'n Ohebydd Rhyngwladol y Flwyddyn yng Ngwobrau'r Wasg Brydeinig. Mae'n byw yng Nghaerdydd ac yn awdur a chyflwynydd y gyfres deledu *Fishlock's Wild Tracks* i HTV Cymru. Mae wedi ysgrifennu llyfrau am Gymru, America a Rwsia. Mae ei lyfr diweddaraf, *Cobra Road*, yn disgrifio taith o Afghanistan i ddeheudir India.

THE PHOTOGRAPHERS

Y FFOTOGRAFFWYR

Andrew Davies

Andrew specialises in landscape, wildlife and environmental photography. Since moving to Pembrokeshire in 1999 he has developed an interest in coastal and marine wildlife subjects and works in web design for educational and conservation organisations.

Mae Andrew'n arbenigo mewn ffotograffiaeth amgylcheddol, tirluniau a bywyd gwyllt. Ers symud i Sir Benfro yn 1999, datblygodd ddiddordeb mewn tynnu lluniau bywyd gwyllt yr arfordir a'r môr, ac mae'n gweithio ym maes dylunio gwefannau i gyrff addysgol a chadwraethol.

Andrew Orchard

Based in Blackwood, south Wales, Andrew specialises in sports photography, particularly rugby and soccer. He works for a variety of clients including newspapers and magazines.

Ffotograffydd chwaraeon yw Andrew, yn enwedig rygbi a phêl-droed, ac mae'n byw yn y Coed Duon yng Ngwent. Mae'n gweithio i amrywiaeth o gleientau gan gynnwys papurau newydd a chylchgronau.

Andrew Hazard

Andrew was a designer and photographer with the Cardiff Bay Development Corporation.
He now specialises in tourism and property, including aerial photography and is finding that hanging out of helicopters at a thousand feet has cured his fear of flying.

Bu Andrew'n ddylunydd a ffotograffydd gyda Chorfforaeth Ddatblygu Bae Caerdydd. Erbyn hyn mae'n arbenigo mewn twristiaeth ac eiddo, gan gynnwys tynnu lluniau o'r awyr, ac wrth hongian allan o hofrenyddion fil o droedfeddi i fyny llwyddodd i goncro ei ofn o hedfan.

Andy Stoyle

Andy's interest in photography started at a young age. He owned his first manual SLR camera when he was about 14. In his early twenties his hobby developed as he travelled the world, seeing many wonderful sights. He now has his own business, A.L.S. Photography, which he runs with his partner Sacha.

Cyneuwyd diddordeb Andy mewn ffotograffiaeth yn ifanc. Cafodd ei gamera SLR cyntaf pan oedd tua 14 oed. Yn ei ugeiniau cynnar datblygodd ei hobi wrth iddo deithio'r byd a gweld golygfeydd bendigedig. Erbyn hyn mae ganddo ei fusnes ei hun, A.L.S. Photography, y mae'n ei redeg gyda'i bartner Sacha.

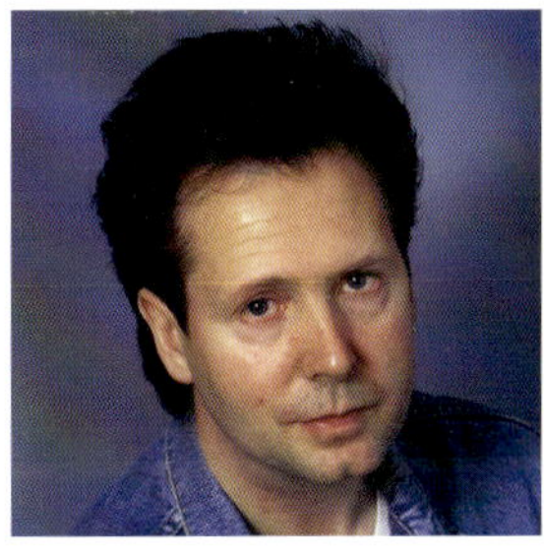

Billy Stock

A self-taught photographer, based in Tonyrefail, Billy began photography 12 years ago, specialising in landscapes and architecture. His ambition is to work internationally on photographic assignments.
His belief is that 'In photography, as in art, the only limitation is your imagination'.

Ffotograffydd a ddysgodd ei hun yw Billy, sy'n byw yn Nhonyrefail. Dechreuodd dynnu lluniau 12 mlynedd yn ôl, gan arbenigo mewn tirluniau a phensaernïaeth. Ei uchelgais yw cael gweithio fel tynnwr lluniau rhyngwladol.
Ei gred yw 'Mewn ffotograffiaeth, fel mewn celfyddyd, yr unig ffiniau yw ffiniau eich dychymyg'.

Brian Tucker

Brian lives in Cardiff and has had a lifelong interest in railways and anything current or nostalgic to do with the Welsh local railway scene, which has seen so much change.

Mae Brian yn byw yng Nghaerdydd ac mae ganddo ddiddordeb mewn rheilffyrdd ers yn blentyn. Boed yn gyfoes neu'n edrych yn ôl, mae'n darlunio byd y rheilffyrdd yng Nghymru, a welodd gymaint o newid dros y blynyddoedd.

Brian Woods

Brian is a commercial photographer with an operational base in Mid-Wales, following many years running a respected studio in Cardiff. He enjoys travelling throughout Wales and photographing things Welsh.

Ffotograffydd masnachol yw Brian sy'n gweithio o'r Canolbarth wedi blynyddoedd lawer o redeg stiwdio uchel ei pharch yng Nghaerdydd. Mae'n mwynhau teithio ar hyd a lled Cymru a thynnu lluniau Cymreig.

Ceri Breeze

Ceri originally specialised in athletics and other sports, working across the UK for various agencies, newspapers and magazines. Based just outside Cardiff, he now photographs a wider range of subjects, including places and events.

Arbenigwr ar athletau a champau eraill oedd Ceri'n wreiddiol, gan weithio ledled gwledydd Prydain ar ran asiantaethau, papurau newydd a chylchgronau.
O'i stiwdio ar gyrion Caerdydd, bydd bellach yn tynnu lluniau amrywiaeth ehangach o destunau, gan gynnwys lleoedd a digwyddiadau.

Chris Colclough

Chris is a Cardiff-based photographic artist and commercial photographer with a fine art background.
He specialises in landscape and architectural photography and his work has been widely exhibited throughout Wales.

Mae Chris yn arlunydd ffotograffig a ffotograffydd masnachol yng Nghaerdydd, a chanddo gefndir mewn celfyddyd gain. Mae'n arbenigo mewn ffotograffiaeth bensaernïol a thirluniau, a chafodd ei waith ei arddangos ar hyd a lled y wlad.

David Angel

In 1999 David started photography to supplement travel, music and food writing. He now spends much of his time on stock work around Europe and the Middle East, selling mainly to US and European markets. In between trips abroad David shoots around Wales and works as picture researcher.

Yn 1999 dechreuodd David dynnu lluniau i ategu ei waith yn ysgrifennu am deithio, cerddoriaeth a bwyd. Treulia lawer o'i amser ar waith stoc o gwmpas Ewrop a'r Dwyrain Canol, gan werthu'n bennaf i farchnadoedd yr Unol Daleithiau ac Ewrop. Rhwng teithiau tramor bydd David yn teithio Cymru gyda'i gamera ac yn gweithio fel ymchwilydd lluniau.

Duncan Miller

Duncan is most attracted to panoramas of all types. He is currently developing a worldwide portfolio of quiet shoreline landscapes. He experienced his greatest inspiration in the Antarctic where strange meteorological conditions, light aberrations and wilderness landscapes abound.

Mae pob math o banorama yn mynd â bryd Duncan. Ar hyn o bryd mae'n datblygu portffolio byd-eang o dirluniau arfordirol tawel. Cafodd ei ysbrydoliaeth fwyaf yn yr Antarctig, lle ceir peth wmbredd o amodau meteorolegol rhyfedd, gwyriadau goleuni a thirluniau gwyllt.

Dave Williams

Dave is a Cardiff-based corporate and editorial photographer.

Mae Dave yn ffotograffydd corfforaethol a golygyddol yng Nghaerdydd.

David Williams

A writer and photographer with a wide-ranging interest in the life and culture of Wales. David is also a specialist photographer of the sea, ships and aquatic sports.

Awdur a ffotograffydd sydd â diddordeb eang ac amrywiol ym mywyd a diwylliant Cymru. Mae David hefyd yn arbenigwr ar dynnu lluniau o'r môr, llongau a chwaraeon dŵr.

George Makkas

George Makkas was born in Athens, Greece. In 1998 he was named one of the 16 young Greek photographers of the year. After moving to the UK, he won the 2002 Hodge/Observer award for a major project in Albania.

Ganwyd George yn Athen, Gwlad Groeg. Yn 1998 enwyd ef yn un o 16 ffotograffydd Groegaidd ifanc y flwyddyn. Ar ôl symud i Brydain, enillodd wobr Hodge/Observer 2002 am broject mawr yn Albania.

Glenn Edwards

Glenn has worked for the national press at home and abroad and won Welsh and UK Press Photographer of the year in 1998. He's currently working on a book/exhibition project with Glenys Kinnock entitled 'Out of Darkness – Africa smiles' due to be completed in 2005.

Mae Glenn wedi gweithio i'r wasg genedlaethol ym Mhrydain a thramor ac enillodd wobr Ffotograffydd Gorau'r Flwyddyn i'r Wasg Gymreig a Phrydeinig yn 1998. Ar hyn o bryd mae'n gweithio ar broject llyfr/arddangosfa gyda Glenys Kinnock dan y pennawd, 'O'r Tywyllwch – Affrica'n gwenu', i'w gwblhau yn 2005.

Graham Morley

Graham is a full-time, landscape photographer. He tries to convey the variety of moods present in the landscape throughout the seasons.

Mae Graham yn ffotograffydd tirluniau amser llawn. Mae'n ceisio cyfleu'r amrywiaeth naws sy'n bresennol yn y tirlun o dymor i dymor.

Huw Jones

Huw has been a professional photographer since the age of 15. After graduating from Cardiff he briefly worked in London before returning to south Wales, to embark on a career of corporate advertising photography. The main body of his work involves capturing the relationship between individuals and their work environment, rather than conventional portraiture.

Mae Huw'n ffotograffydd proffesiynol ers yn 15 oed. Wedi graddio yng Nghaerdydd gweithiodd am gyfnod yn Llundain cyn dychwelyd i dde Cymru i ddechrau ar yrfa mewn ffotograffiaeth hysbysebu corfforaethol. Hanfod ei waith yw dal y berthynas rhwng unigolion a'r man lle maent yn gweithio, yn hytrach na llunio portreadau confensiynol.

Jeff Morgan

Jeff is a Welsh-based photojournalist who works regularly for the *Guardian* and the national press. His shots have appeared in publications worldwide.

Ffotonewyddiadurwr o Gymro yw Jeff sy'n gweithio'n rheolaidd i'r *Guardian* a'r wasg Brydeinig. Ymddangosodd ei luniau mewn cyhoeddiadau ledled y byd.

John Kinsey

Based in Caerphilly, John has been a full-time professional for 10 years. He works in the corporate and PR sectors, with portraits and products forming the basis of his studio work. He also takes landscapes for stock.

Yn gweithio o Gaerffili, mae John yn ffotograffydd proffesiynol amser llawn ers 10 mlynedd. Mae'n gweithio yn y sectorau corfforaethol a chysylltiadau cyhoeddus, a phortreadau a chynhyrchion yw sylfaen ei waith stiwdio. Mae hefyd yn tynnu tirluniau ar gyfer stoc.

Jonathan Pimlott

After studying Documentary Photography at Newport College of Art, Jonathan developed a strong interest in urban landscape. He's particularly interested in exploring the city limits, urban sprawl and car culture.

Ar ôl astudio Ffotograffiaeth Ddogfennol yng Ngholeg Celf Casnewydd, datblygodd Jonathan ddiddordeb cryf mewn tirluniau trefol. Mae'n ymddiddori'n arbennig mewn chwilio ffiniau'r ddinas, ymlediad trefol a diwylliant y car.

Ken Price

Ken specialises in photography for the property market. After 25 years as a chartered surveyor, he became a commercial photographer now in demand by developers, consultants, property managers, magazines, housing associations and art galleries.

Mae Ken yn arbenigo mewn ffotograffiaeth ar gyfer y farchnad eiddo. Ar ôl 25 mlynedd fel syrfëwr siartredig, aeth yn ffotograffydd masnachol a bellach mae galw am ei waith gan ddatblygwyr, ymgynghorwyr, rheolwyr eiddo, cylchgronau, cymdeithasau tai ac orielau celf.

Mark Bradwick

Mark established Mark Bradwick Photography in 1991 and has become a specialist in industrial and commercial photography. He also takes commissions in architectural, product, portraiture, digital, studio and location photography.

Wedi sefydlu ei gwmni Mark Bradwick Photography yn 1991 daeth Mark yn arbenigwr mewn ffotograffiaeth ddiwydiannol a masnachol. Bydd hefyd yn derbyn comisiynau i wneud gwaith ffotograffiaeth ym meysydd pensaernïaeth, cynhyrchion, portreadau, digidol, stiwdio a lleoliad.

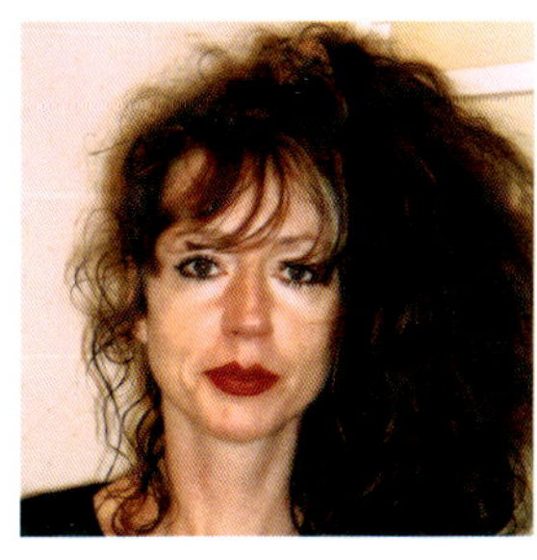

Nel Bat

Nel has documented many festival and events and is also a make-up designer for film and television. She's currently developing projects combining both make-up and photographic skills.

Mae Nel wedi tynnu lluniau mewn sawl gŵyl a digwyddiad ac mae hefyd yn ddylunydd coluro ar gyfer ffilm a theledu. Ar hyn o bryd mae hi'n datblygu projectau sy'n cyfuno sgiliau coluro a ffotograffiaeth.

Stephen Jenkin

Stephen has had many successes in photographic competitions and has regularly exhibited at the Welsh Salon of Photography and the Photographic Alliance of Great Britain.

Cafodd Stephen sawl llwyddiant mewn cystadlaethau ffotograffiaeth, ac mae wedi arddangos ei waith yn rheolaidd yn Salon Ffotograffiaeth Cymru a Chynghrair Ffotograffyddol Gwledydd Prydain.

Les Evans

Les is Cardiff-based and specialises in photographing the city and the south Wales valleys.

Mae Les yn gweithio o Gaerdydd ac yn arbenigo mewn tynnu lluniau o'r ddinas a chymoedd y de.

Neil Turner

After several years' photographic experience in Saudi Arabia, Neil now specialises in architectural and travel photography. He is Director of 'Image Cymru', a postcard and calendar company.

Wedi sawl blwyddyn o brofiad fel ffotograffydd yn Saudi Arabia, mae Neil bellach yn arbenigo mewn ffotograffiaeth bensaernïol a thaith. Mae'n gyfarwyddwr 'Image Cymru', cwmni gwneud cardiau post a chalendrau.

Simon Regan

Simon is an advertising photographer, specialising in both studio and location.

Mae Simon yn ffotograffydd ym maes hysbysebu, gan arbenigo mewn gwaith stiwdio a lleoliad.

Steve Benbow

Steve's had a 25-year career in photojournalism and corporate photography. He was an original member of Network Photographers, the founder of the Ffotogallery Wales and a director of Photolibrary Wales.

Mae Steve yn gweithio mewn ffotonewyddiaduraeth a ffotograffiaeth gorfforaethol ers 25 mlynedd. Roedd yn aelod gwreiddiol o Network Photographers, yn sylfaenydd Ffotogallery Wales ac yn gyfarwyddwr Photolibrary Wales.

Cardiff is Europe's youngest capital. It was awarded city status by Edward VII in 1905, became capital of Wales in 1955 and a place of government in 1999, with the opening of the devolved Welsh Assembly Government. It's now a thriving, energetic hub of commercial and cultural activity.

Although the city was established on the incredible wealth of a vast coal empire, much of the heavy industry has now gone, to be replaced with government establishments and a well developed service sector, with a wide range of financial, insurance and banking institutions. The media industry is also a significant employer. Cardiff is home to broadcasters BBC Wales, HTV and S4C and has a flourishing arts and cultural scene.

It is also a place of research. In 2002, Cardiff University was placed 7th out of 106 universities and colleges in a nation-wide analysis of research quality. The value of its research is indicated by a huge growth in investment by industry, commerce and other public sector organisations. Overall, Cardiff's proportion of 'knowledge-based employment' is now higher than for Great Britain generally.

To reflect its growing success, Cardiff is experiencing rapid population growth. The official mid-year estimate of the city's population was 327,500 in 2000, a growth of 9.2% since 1991 as compared with 1.9% for Wales as a whole and 3.4% for the UK.

Some 5% of the population speak Welsh, one of the oldest languages in Europe. The language is now thriving through youth culture, bands, films and new technologies. But, Cardiff is far from parochial. Due to its rich past as one of the world's busiest ports, Cardiff is one of the oldest multicultural societies in the UK. An estimated 2.3% of the population is black, 2.8% Asian and 2% Chinese. More than 25,000 students from all over the world are based in the city.

Cardiff is also enjoying a renewed maritime focus. The development of Cardiff Bay has been a regeneration project of international significance. The Cardiff Bay Barrage, measuring 1.1 km in length, was designed to create a new waterfront environment for Cardiff. The impounded waters of the Taff and Ely rivers now form a huge, 200 hectare freshwater lake and an 8-mile waterfront, around which a new generation of government buildings and commercial, residential and leisure developments have grown.

Cardiff is now a great place in which to live and work. In 1999 it was voted the most highly rated city in the Healey and Baker study of the UK's best working cities. It scored highly on location of offices, ease of commuting, cleanliness, parking and shopping facilities.

Source: Cardiff Council

Population 2000

327,500

Total households 2000

132,552

Welsh speakers

21,615

Climate

The climate varies from a low of 2°C in winter to over 20°C in the summer months.

Twin towns

Stuttgart, Germany, since 1955
Lugansk, Ukraine, since 1959
Nantes, France, since 1963
Xiamen, China, since 1983
Hordaland County, Norway, since 1996

Tourist attractions

Cardiff Castle,
Cardiff Bay Visitor Centre,
Castell Coch,
Llandaff Cathedral,
National Museum and Gallery,
Techniquest,

Major sporting venues

Cardiff Athletic Stadium,
Cardiff Arms Park,
Maindy Cycle Track,
Millennium Stadium,
Ninian Park,
Sophia Gardens,
Wales National Ice Rink,
Welsh Institute of Sport.

Theatres and arts venues

Chapter Arts Centre,
Llanover Hall Arts Centre,
New Theatre,
Sherman Theatre,
St. David's Hall,
Millennium Arts Centre 2004.

Caerdydd yw prifddinas ieuengaf Ewrop. Rhoddwyd statws dinas iddi gan Edward VII yn 1905, daeth yn brifddinas Cymru yn 1955 ac yn ganolfan llywodraeth yn 1999, pan agorwyd Llywodraeth ddatganoledig y Cynulliad Cenedlaethol. Erbyn hyn mae'n ganolfan egnïol, ffyniannus, lawn bwrlwm masnachol a diwydiannol.

Er y sefydlwyd y ddinas ar gyfoeth anhygoel ymerodraeth enfawr y meysydd glo, mae llawer o'r diwydiant trwm wedi mynd erbyn hyn, wedi'i ddisodli gan sefydliadau llywodraeth a sector-gwasanaeth datblygedig iawn, gydag amrediad eang o gyrff ariannol, cwmnïau yswiriant a banciau. Mae'r diwydiant cyfryngau'n gyflogwr pwysig hefyd. Caerdydd yw cartref y cwmnïau darlledu BBC Cymru, HTV ac S4C ac mae diwylliant a'r celfyddydau'n ffynnu yn y ddinas.

Mae'n ganolfan ymchwil hefyd. Yn 2002, gosodwyd Prifysgol Caerdydd yn 7fed allan o 106 o brifysgolion a cholegau mewn arolwg o ansawdd gwaith ymchwil ledled gwledydd Prydain. Arwydd o werth gwaith ymchwil y Brifysgol yw'r twf enfawr mewn buddsoddiad gan ddiwydiant, masnach a sefydliadau eraill yn y sector cyhoeddus. Ar y cyfan, mae cyfran Caerdydd o 'gyflogaeth seiliedig ar wybodaeth' yn uwch erbyn hyn nag ar gyfer Prydain fawr yn gyffredinol.

Yn ddrych o'i llwyddiant cynyddol, mae poblogaeth Caerdydd yn tyfu'n gyflym. Yn ôl yr amcangyfrif canol blwyddyn swyddogol, roedd poblogaeth y ddinas yn 327,500 yn 2000, sef twf o 9.2% oddi ar 1991, o'i gymharu ag 1.9% ar gyfer Cymru gyfan a 3.4% ar gyfer y Deyrnas Unedig.

Mae rhyw 5% o'r boblogaeth yn siarad Cymraeg, un o'r ieithoedd hynaf yn Ewrop. Mae'r iaith bellach yn ffynnu drwy ddiwylliant yr ifanc, bandiau, ffilmiau a thechnoleg newydd. Ond mae Caerdydd ymhell o fod yn blwyfol. Oherwydd ei gorffennol cyfoethog fel un o borthladdoedd prysuraf y byd, mae Caerdydd yn gartref i un o'r cymdeithasau aml-ddiwylliant hynaf ym Mhrydain. Amcangyfrifir fod 2.3% o'r boblogaeth yn groenddu, 2.8% yn Asiaid a 2% yn Dsieineaid. Mae dros 25,000 o fyfyrwyr o bedwar ban byd wedi ymgartrefu yn y ddinas.

Mae Caerdydd hefyd yn mwynhau ffocws o'r newydd ar bethau'r môr. Bu datblygiad Bae Caerdydd yn brosiect adfywio o arwyddocâd rhyngwladol. Dyluniwyd Morglawdd Bae Caerdydd, yn mesur 1.1 km ar ei hyd, i greu amgylchedd newydd ar y glannau yng Nghaerdydd. Mae'r dyfroedd a gronnwyd o afonydd Taf ac Elái bellach yn ffurfio llyn dŵr croyw anferth, 200 hectar a'i lan yn ymestyn 8 milltir, lle mae cenhedlaeth newydd o adeiladau llywodraeth a datblygiadau masnachol, preswyl a hamdden wedi tyfu.

Bellach mae Caerdydd yn lle gwych i fyw a gweithio ynddo. Yn 1999 enillodd y nifer uchaf o bleidleisiau yn astudiaeth Healey a Baker o ddinasoedd gweithio gorau'r Deyrnas Unedig. Sgoriodd yn uchel ar leoliad swyddfeydd, rhwyddineb teithio i'r gwaith, glendid, cyfleusterau parcio a siopau.

Ffynhonnell: Cyngor Caerdydd

Poblogaeth 2000

327,500

Cyfanswm aelwydydd 2000

132,552

Siaradwyr Cymraeg

21,615

Hinsawdd

Mae'r hinsawdd yn amrywio o dymheredd isaf o 2°C yn y gaeaf i dros 20°C ym misoedd yr haf.

Gefeilldrefi

Stuttgart, yr Almaen, ers 1955
Lugansk, Iwcráin, ers 1959
Nantes, Llydaw, ers 1963
Xiamen, Tsieina, ers 1983
Sir Hordaland, Norwy, ers 1996

Atyniadau i ymwelwyr

Castell Caerdydd,
Canolfan Ymwelwyr Bae Caerdydd,
Castell Coch,
Eglwys Gadeiriol Llandaf,
Amgueddfa ac Oriel Genedlaethol,
Techniquest,

Prif ganolfannau chwaraeon

Stadiwm Athletau Caerdydd,
Parc yr Arfau,
Trac Seiclo Maendy,
Stadiwm y Mileniwm,
Parc Ninian,
Gerddi Sophia,
Cylch Sglefrio Cenedlaethol Cymru,
Sefydliad Chwaraeon Cymru.

Theatrau a chanolfannau celfyddydau

Canolfan Gelfyddydau Chapter,
Canolfan Gelfyddydau Neuadd Llanofer,
Theatr Newydd,
Theatr Sherman,
Neuadd Dewi Sant,
Canolfan Gelfyddydau'r Mileniwm 2004.

INDEX